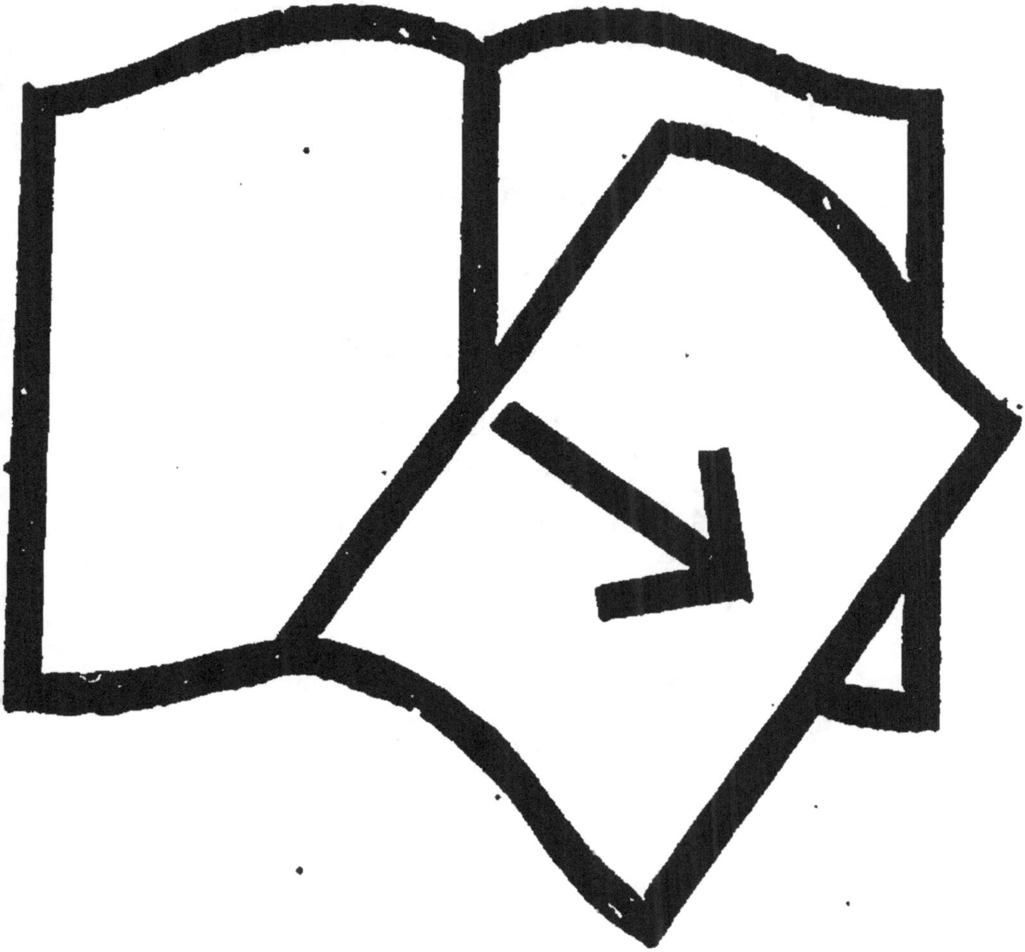

Couvertures supérieure et inférieure manquantes

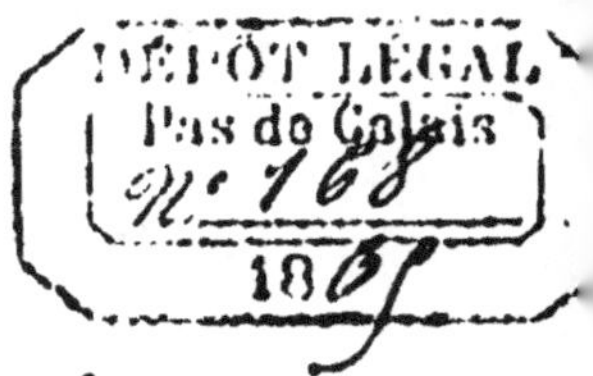

SIMPLE EXPOSÉ

DE LA QUESTION DES WATTRINGUES

Concernant la 1re Section.

PRÉCÉDÉ DE QUELQUES OBSERVATIONS

Adressées aux huit Sections de Wattringues du Pas-de-Calais,

Motivées par la décision du Conseil général de ce département du 24 août 1865.

SAINT-OMER

Imprimerie et Lithographie de Ch. Glermonprez, éditeur de l'*Indépendant*, rue des Tribunaux, 4.

— 1865 —

OBSERVATIONS adressées à Messieurs les Présidents et Membres des huit sections de Wattringues du Pas-de-Calais, motivées par la décision du Conseil général de ce département du 24 août 1865.

1re Section.

A Messieurs les Présidents et Membres des Commissions administratives des huit sections des Wattringues du Pas-de-Calais.

Messieurs,

Le Conseil général du Pas-de-Calais, dans sa session de 1865, vient de décider que M. le Préfet serait prié de soumettre les réclamations des propriétaires des terrains élevés, indûment imposés dans la 1re section, aux Commissions des Wattringues de ce département, pour avoir leur avis sur cette question.

Dans cette situation, nous croyons utile et convenable, d'adresser quelques observations à vos Commissions.

D'abord, il est nécessaire de rappeler ici

l'article 2 de l'ordonnance du 27 janvier 1837, qui limite les terrains assujettis aux Wattringues.

ARTICLE 2.

« Le territoire est divisé en sections, dont la circonscription est établie, ainsi qu'il suit :

« La première section, comprend tout le territoire situé entre la rivière d'Aa, celle d'Oye, le Wattergand le Drack, le canal de Calais, la rivière de Nielles (1) et une ligne en deça de laquelle sont les marais d'Audruick, de Polincove et de Ruminghem.

« La deuxième est composée du territoire situé entre la rivière d'Aa, la mer, une ligne allant de la mer à la rivière du Houlet, le canal de Calais, le Wattergand, le Drack et la rivière d'Oye.

« La troisième contient le territoire entre la rivière du Houlet, la ligne allant à la mer, le canal de Calais jusqu'au Fort-Rouge.

« La quatrième est formée du territoire situé entre le canal de Guines, celui de Calais, la mer, et une ligne qui comprend les marais et les terres basses de Sangattes, Coquelle, Nielles (2) Boucres, et ceux de Guines à la gauche du canal.

---

(1) La rivière de Nielles ne s'entend ici, pour ce qui concerne la 1re section, que depuis son embouchure dans le Canal de Calais, jusqu'au pont à Poutrelles, territoire de Nortkerque, où elle reçoit la Liette.
(2) Nielles-les-Calais.

« Le territoire entre le canal de Guines, celui de Calais, la rivière de Nielles (1) forme avec les marais de Nielles, Ardres, Balinghem, Andres et Guines, la cinquième section.

« La sixième comprend toutes les terres qui peuvent être inondées par la rivière de Slack et ses affluents, qui forment la vallée de Marquise depuis Fiennes, Rinxent jusqu'à l'embouchure de Slack.

« La septième comprend le territoire des communes de Longuenesse, Arques, Clairmarais, partie de St.-Omer, St.-Martin-au-Laert, Salperwick, Tilques, Serques, Moulle, Houlle et Eperlecques.

« La huitième comprend les terrains soumis aux inondations du ruisseau des Anguilles, depuis sa source jusqu'à la mer, formant les marais de Tardinghem près de Wissant. »

Comme on le voit, pour ce qui est de la 1re section, limitée au sud comme ci-dessus, par une ligne en deçà de laquelle sont *les marais d'Audruick, de Polincove et de Ruminghem*, il est clair que cette ligne longe, touche immédiatement les marais : que les hauts champs, au-delà de cette ligne, ne font pas partie de la 1re section, car s'il en était autrement ce ne serait pas les marais qui seraient en deçà de cette ligne, mais des terrains élevés, puisque la prétendue ligne périmétrique sud actuelle, a été abusivement portée, pour quelques par-

---

(1) Nielles-les-Ardres.

ties, à plus de six kilomètres dans les hauts champs et les montagnes. Ce n'est que par une fausse interprétation, par une interprétation diamétralement opposée à ce que le décret et l'ordonnance ont voulu dire, qu'on est parvenu à imposer de fait et illégalement les terrains élevés au-delà des marais, qui sont littéralement et de droit en dehors de la 1re section, d'après le décret et l'ordonnance précités : de plus, cette prétendue ligne périmétrique, reposant sur un abus, est contraire au paragraphe 8 de l'article 1er de la loi sur les associations syndicales, car il n'y a aucun intérêt collectif pour desséchement entre les marais et les terres élevées.

Si nous examinons ce qui a été fait dans les autres sections, nous trouvons que dans les 2e et 3e, quoique le décret et l'ordonnance ne fassent aucune exception de terrains dans les circonscriptions de ces sections, les commissions administratives, mues par des sentiments qui les honorent, ont cependant appliqué avec équité, et sans consulter aucune autre section l'article 2 de la loi du 14 floréal an XI, en exonérant pour la 2e section, les digues et dunes de la mer, pour la 3e section les hauts champs de Coulogne, les dunes, sables et bruyères des communes de Marck et de St.-Pierre, le carré de St.-Pierre et partie du territoire de la commune de Sangatte.

La quatrième section sans avoir eu besoin de l'assentiment des autres sections a exonéré en 1827 tous les terrains élevés.

La cinquième section ne les a jamais imposés.

Les sixième et huitième sections ne comprennent, avec justice, que les terrains qui pourraient être inondés.

La septième section seule fait exception : en effet, sa constitution repose sur une erreur ; elle est établie contrairement à l'article 2 de la loi de floréal précitée, qui a servi partout de bases aux Wattringues, elle est aussi en désaccord avec l'article 1er de la loi sur les associations syndicales, les terrains élevés et les marais n'ayant point d'intérêts collectifs; mais cette anomalie disparaîtra, il n'en faut pas douter, les lumières et les sentiments d'équité de M. le Président et de MM. les administrateurs de cette section, nous sont un sûr garant qu'ils désirent plutôt rentrer dans la légalité, pour ce qui les concerne, que de provoquer une injustice chez les autres.

Afin de rendre encore plus saillante l'irrégularité que nous combattons dans la première section, nous avons crû utile de mettre sous les yeux de MM. les Président et Membres des Commissions administratives, un plan des cinq premières sections des Wattringues seules établies par le décret; les trois autres ne figurant que dans l'ordonnance, on voit par ce plan que la même étendue de marais, le *sinus itius* selon quelques auteurs, compose les première, quatrième et cinquième sections (1). Pourquoi de tous les hauts champs au

---

(1) La 1re section s'étend de la rivière d'Aa, commune de Ruminghem, jusqu'à la rivière de Niolles; la 4e s'étend de la mer à Sangatte jusqu'au canal de Guines;

sud de ces marais, ceux de la 1re section seuls, ne sont-ils pas exonérés des Wattringues, lorsque les termes du décret du 28 mai 1809, et de l'ordonnance du 27 janvier 1837, qui limitent au sud ces trois sections, sont identiques dans leurs dispositions ? La réponse à cette observation, la voici : dans les quatrième et cinquième sections, l'intérêt général a prévalu sur tout autre considération, c'est le contraire qui a eu lieu dans la 1re section.

Vainement voudrait-on arguer de ce que les terrains élevés de la 1re section, écoulant leurs eaux par les rivières et canaux, devraient être imposés (1). N'y a-t-il pas au-delà de ces terrains élevés, d'immenses contrées de terrains plus élevés encore, qu'il faudrait aussi imposer, pour être conséquent, puisqu'ils écoulent aussi leurs eaux par les mêmes rivières et canaux; ce qui serait impossible et absurde ? Il serait puéril de nous arrêter davantage à des suppositions si peu rationnelles; nous dirons seulement que l'article 640 du Code civil a prévu et réglé cette question, en déclarant que les terrains inférieurs sont assujettis à recevoir les eaux des terrains supérieurs ; on ne saurait sans danger s'écarter de cette disposition.

---

la 5e comprend le territoire entre le canal de Guines et la rivière de Nielles.

(1) Ceci peut également s'appliquer, aux 4e et 5e sections, dont les hauts champs ne sont pas moins exonérés, ce qui prouve une fois de plus la nullité de l'argument.

Cet exposé fait ressortir sous plusieurs rapports le bien fondé des droits des réclamants, il fait aussi connaître que toutes les sections, une exceptée, ne comprennent pas les terrains élevés. Si nous avons vu avec étonnement la 1re section vouloir à tort jusqu'ici les comprendre, c'est qu'elle ne se rendait pas un compte exact des lois et des faits, ou, qu'aveuglée par des sentiments peu dignes, elle fermait complaisamment les yeux à l'évidence ; aujourd'hui que les autres commissions sont appelées à examiner nos réclamations, et à les juger, nous avons la plus grande confiance, dans la lucidité et l'impartialité de leurs appréciations.

Ces commissions voudront être aussi justes pour les autres, qu'elles l'ont été pour elles-mêmes ; n'ayant pas imposé leurs terrains élevés, ou ayant exonéré ceux qui l'avaient été d'abord, elles voudront être logiques. Dès lors les propriétaires des hauts champs de la première section, peuvent compter sur une pleine et entière justice, sur le dégrèvement de leurs montagnes et de leurs terres élevées.

X. HOCHART.

Novembre 1865.

SIMPLE EXPOSÉ DE LA QUESTION DES WATTRINGUES.

—◇◆◇—

1re Section.

L'affaire de l'exonération des hauts champs de l'impôt Wattringues, tant débattue depuis quatre ans, est toujours pendante, puisqu'elle n'a pas encore été définitivement résolue ; malgré la fatigue d'aussi longues réclamations, des difficultés nombreuses qu'on suscite, elle excite toujours le même intérêt, parce que cet intérêt s'applique à un abus grave à redresser. L'opinion publique, dont les aspirations et les appréciations sont toujours justes, s'étonne et s'inquiète, de ce qu'une demande aussi bien fondée, et dont l'instruction est complète, n'ait pas encore reçu de solution favorable jusqu'à ce jour.

Le sentiment public est aussi péniblement impressionné de l'attitude de quelques opposants à l'exonération des terrains élevés, qui, mus par l'intérêt privé, ne craignent pas de formuler des demandes qu'on pourrait à bon droit sévèrement qualifier.

Quoiqu'il en soit, essayons de jeter quelques nouvelles lumières sur cette question ainsi que sur ses diverses péripéties depuis 1863.

Deux systèmes de prétentions opposées sont toujours en présence. La commission de la 1re section des Wattringues, formée de propriétaires de marais, et élue par une majorité composée de propriétaires de marais, réunissant de grandes agglomérations de parcelles, veut faire contribuer les propriétaires des hauts champs au curement des Wattergands de ces marais, quoique ces propriétaires n'aient aucun intérêt dans ces travaux, dont ils ne profitent point ; bien plus, ces travaux, loin d'être onéreux aux propriétaires des marais, peuvent souvent, par le produit des vases, couvrir les frais de curement.

Les propriétaires des hauts champs dont les parcelles très-divisées (beaucoup n'étant que de petits manoirs d'ouvriers), ne leur permettent pas de concourir utilement à l'élection de la commission, faite par les quarante principaux propriétaires de la section (1) sont, contre tout droit et raison, les souffre-douleurs taillables à merci de MM. les propriétaires de marais, ou, plus exac-

---

(1) A raison des marais qu'ils y possèdent, article 3 de l'ordonnance du 27 janvier 1837, textuel.

tement, de la commission. Ils ont bien invoqué les lois, qui sont toutes en leur faveur, et l'autorité supérieure éclairée et convaincue de leurs droits était disposée à leur rendre justice (1) lorsque des oppositions basées sur l'intérêt particulier, sont venues momentanément mettre obstacle au redressement d'une injustice reconnue.

Aucune obscurité cependant n'existe pour appliquer la loi du 14 floréal an XI, qui, par son équité, pourrait être nommée une loi naturelle. MM. les ingénieurs en ont fait une juste application en 1863, lorsque, par un nivellement, ils ont établi que la ligne périmétrique sud de la 1re section fut fixée par le niveau de vive eau ordinaire de haute mer (2); en 1842, M. l'arpenteur géomètre Chifflard a tracé cette même ligne, qui est conforme ou peu s'en faut à celle de MM. les Ingénieurs; les hauts champs ont donc en leur faveur la loi et la science.

Une telle unanimité d'opinions chez des hommes aussi éclairés, qui, sans s'être concertés, agissant séparément à l'insu les uns des autres, arrivent cependant au même résultat, est remarquable, elle indique bien qu'on est ici dans

---

(1) Conclusions du commissaire du gouvernement devant le Conseil de préfecture du Pas-de-Calais en faveur des réclamants pour exonération de Wattringues, 28 juillet 1864.

(2) C'est au surplus la limite en deçà des marais fixée par le décret et l'ordonnance, ou en d'autres termes la ligne séparative des hauts champs et des marais.

le vrai ; cette limite fixée par le niveau est conforme aux plus simples notions du bon sens et de la justice; d'ailleurs, cette ligne a déjà été, dans un accès de sincérité, demandée par la Commission elle-même, par sa délibération du 27 septembre 1861, c'est une in-conséquence de s'en départir aujourd'hui.

Que veut maintenant la Commission ? Elle ne peut demander comme règle générale, que la limite soit communale, puisque de son aveu, des exonérations ont eu lieu dans trois communes (1). Elle veut donc que cette limite soit arbitraire, ou déterminée par le hasard (2), qu'elle suive une ligne bizarre, qu'elle passe par monts et par vaux, sans autre règle que le caprice, s'exer-çant sur un sol aux pentes abruptes, existant aux limites sud de la section, au-delà des marais.

Une telle opinion peut-elle être soutenue par des hommes sensés et raisonnables, en présence de la loi du 21 juin 1865, sur les associations syndicales, qui laisse dans toute sa force, l'article 2 de la loi du 14 floréal an XI, portant que la quotité de la contribu-tion de chaque imposé, doit toujours être relative au degré d'intérêt qu'il aura aux travaux qui devront s'effectuer? Or, quel intérêt ont les propriétaires des terrains élevés dans les Wattergands à curer des

(1) Runninghem, Munck-Nieurlet et Zutkerque.

(2) Le plan Raffenau n'est qu'un hasard, une erreur reconnue par la généralité du public, ainsi que par M. l'Ingénieur en chef, voir page 32 de notre mémoire de 1863.

marais ? Aucun; alors ils ne doivent point supporter les dépenses de ces travaux.

Comme on le voit par ce qui précède, la Commission ne peut adopter comme bases, de prétendues limites communales, qui n'existent point; elle ne serait pas plus heureuse par le plan de M. l'Ingénieur Raffeneau, car depuis qu'on l'a invoqué, afin de rejeter les demandes des réclamants, pour exonérations de Wattringues, il est considéré comme nul et non avenu, puisqu'il n'est plus appliqué (1) ; la Commission ne peut non plus s'appuyer sur la loi de floréal précitée, sur le décret de 1809, ni sur l'ordonnance de 1837, qui tous lui sont contraires. Quel titre pourrait-elle donc invoquer, pour impliquer les hauts champs dans les travaux des marais? Le voisinage des terres élevées avec les marais? Un pareil titre ne saurait être pris au sérieux, car il serait ridicule. Voit-on les départements voisins de Paris, seuls imposés pour les travaux

(1) Interdiction de continuer la confection des rôles de Wattringues pour 1865, dans les quatre communes ou parties de communes, de Louches, Zouafques, Recques et Nordausque.

Refus de comprendre pour la confection de la liste des quarante principaux propriétaires électeurs, les terrains des communes prénommées, faisant partie de la 1re section, d'après le plan de M. l'Ingénieur Raffeneau, qui limite cette section au sud par la route no 43.

En outre la non application de ce plan dans la 5e section, limitée également au sud d'après le plan Raffeneau, par la route no 43 et par celle no 2, de Guines à Ardres.

exécutés par l'État en cette ville? Si une subvention doit être payée aux propriétaires des marais, ce que je nie de la manière la plus formelle, ce ne sont pas les propriétaires des hauts champs, voisins des marais, mais le département qui en doit être chargé.

En exonérant des Wattringues les quatre communes ou parties de communes de Louches, Zouafques, Recques et Nordausque (1) compris dans la 1re section par le plan Raffeneau, l'autorité supérieure annulle de fait ce plan, qui désormais ne saurait plus être invoqué, tel qu'il l'a été dans l'arrêté du Conseil de Préfecture du Pas-de-Calais, du 4 août 1864, ainsi conçu :

« Considérant que d'après la délimitation fixée par
» le décret du 28 mai 1809 et maintenue par l'or-
» donnance royale du 27 janvier 1837, la 1re section
» des Wattringues comprend tout le territoire situé
» entre la rivière d'Aa, celle d'Oye, le Wattergand, le
» Drack, le canal de Calais, la rivière de Nielles, et
» une ligne en deça de laquelle sont les marais d'Au-
» druick, de Polincove et de Ruminghem ;

____

(1) Nous croyons qu'on peut considérer comme exonérées de fait, les communes où la confection des
rôles est interdite, cependant cette mesure pourrait
être un acheminement vers l'exonération totale des
quatre communes ci-dessus, ainsi que des hauts champs
des six autres communes, qui ont des marais, car il
est présumable que l'autorité supérieure ne persistera
pas à maintenir comme légal, un plan erroné, déclaré
tel par les hommes les plus compétents, ainsi que
par toutes les personnes éclairées des localités qu'il
concerne.

» Considérant que suivant le plan original, des 11-15
» janvier 1836, visé dans ladite ordonnance de 1837,
» et déposé aux archives départementales, la limite sud
» de cette section, qui seule est contestée, se trouve
» nettement tracée; qu'elle part du point de jonction
» de la rivière de Nielles avec la route de Bouchain à
» Calais (1) suit cette route en ligne droite jusqu'au
» lieu dit la Recousse, se dirige également en ligne
» droite vers les bois de Recques et de Ruminghem (2)
» et vient ensuite rejoindre la rivière canalisée de l'Aa
» en laissant lesdits bois en dehors du périmètre;

» Considérant qu'il ne peut être fait droit aux pré-
» tentions des réclamants que s'ils justifient qu'ils sont
» en dehors de la limite ainsi déterminée. »

Or, d'après ce considérant les propriétaires dont les
terrains sont en dedans de cette limite ne peuvent
être exonérés que par une révision de la ligne périmétrique sud faite dans les formes voulues; les quatre
communes ou parties de communes ci-dessus ne sont
donc pas légalement exonérées.

Nous pensons qu'il ne reste pour limite à la section que
celles fixées par le décret de 1800, et l'ordonnance du
27 janvier 1837; par cette délimitation les marais

---

(1) La rivière de Nielles prend sa source à un kilo-
mètre de cette route.

(2) Le point de départ de la ligne de la Recousse au
bois de Recques et de Ruminghem n'est pas déterminée.

sont seuls compris dans la circonscription; les terres
élevées situées au-delà des marais d'Audruick, de Polincove et de Ruminghem doivent être exonérées des
Wattringues, ainsi que l'ont été les quatre communes
ou parties de communes comprises dans la section par
le plan de 1836, dit plan Raffeneau. Par cette mesure
qui paraît être déjà effectuée, l'autorité supérieure re-
connaît en principe que les terrains élevés doivent être
exonérés; ce principe d'équité admis, pourquoi ne pas
l'appliquer entièrement avec toutes ses conséquences
logiques, par l'exonération, non-seulement de toutes les
terres des quatre communes ci-dessus, mais aussi de
toutes les autres terres élevées de la section, puisqu'il y
a entre les premières et les dernières identité complète?

En examinant cette affaire sous un autre point de
vue on reconnaîtra que les terrains des quatre communes
ou parties de communes ci-dessus citées, ainsi que les
terrains élevés au-delà des marais, dans les six communes de Nortkerque, Audruick, Zutkerque, Polincove,
Munck-Nieurlet et Ruminghem, sont aussi indûment
imposés les uns que les autres. Si on exonère seulement
les terrains des quatre communes, on double l'injustice
envers les six autres, en chargeant arbitrairement les
terrains élevés de ces dernières, du contingent qu'au-
raient dû supporter les premières; on conçoit que pour
ces premières, le contingent ne peut consister qu'en
frais généraux, puisqu'elles n'ont que peu ou point de
travaux à exécuter, que d'ailleurs, ces travaux sont

exécutés avec plus d'avantages par les riverains, qui peuvent ainsi les appliquer aux irrigations.

Nous croyons par le présent résumé avoir clairement élucidé la question qui nous occupe, nous avons fait ressortir les droits incontestables des réclamants, nous pensons qu'il n'existe aucune base légale, pour motiver un arrêté contre eux, nous pouvons donc espérer avec confiance que l'autorité supérieure admettra d'aussi justes réclamations.

X. HOCHART.

Novembre 1865.

Nous avons pris connaissance d'un dossier déposé à la Sous-Préfecture de Saint-Omer, où se trouve un rapport, en date du 10 novembre 1865, de M. l'ingénieur ordinaire, portant que l'arrêté du 4 août 1864 du Conseil de Préfecture du Pas-de-Calais est définitif. Cet arrêté est définitif il est vrai, pour les taxes que les réclamants ont payées en 1863, mais il ne concerne en rien les taxes payées en 1865, pour lesquelles on réclame aujourd'hui, car l'impôt Wattringues étant assimilé aux contributions ordinaires, les réclamations peuvent comme pour celles-ci être renouvelées chaque année ; dès lors le Conseil de Préfecture n'aura à statuer, comme en 1864, que sur les demandes des réclamants : le Conseil ne pouvant exonérer de taxes pour lesquelles on ne réclame pas.

Pour ce qui est des communes, ou parties de communes de Recques, Zouafques, Nordausques et Louches, M. l'ingénieur dit que la commission a jugé que le bassin de ces quatre communes ne devait rien payer en ce moment parce qu'elles ne profitent d'aucun des travaux projetés. M. l'ingénieur ne peut admettre un principe, et conclure contre ce même principe : en se prononçant contre les pétitionnaires, dont les propriétés consistant en terres élevées et montagnes, qui ne profitent pas plus des travaux Wattringues, que les terres comprises dans le prétendu bassin des quatre communes précitées, ils doivent conséquemment et pour les mêmes motifs, que ces dernières, être aussi exonérées de taxes.

Mais si les quatre communes prénommées forment un bassin dans la première section, les propriétaires de ce bassin doivent être compris dans la liste des électeurs, pour l'élection prochaine, d'une moitié de la commission syndicale; leur absence frapperait naturellement cette élection de nullité. Il en serait de même, si on refusait de compter les terres de ce bassin, en addition aux électeurs qui, par ce moyen, seraient privés de la possibilité de figurer au nombre des quarante principaux propriétaires de la section.

Enfin, M. l'ingénieur peut-il concilier ses conclusions présentes avec le nivellement qu'il a fait exécuter en 1803? Il est trop sage et trop expérimenté pour avoir ordonné un aussi grand travail sans motifs, et sans but. Qu'il veuille bien alors nous permettre de revenir à ses rapports, des 30 novembre 1863, et 16 janvier 1864, à la suite de la levée des plan et profils. Qu'y voyons-nous ? Que M. l'Ingénieur concluait contre la commission et les réclamants, dont il trouvait les prétentions également contestables. Ses conclusions, d'alors cependant envisagées sous le rapport du nivellement, étaient implicitement favorables aux pétitionnaires. Comment donc s'expliquer ses conclusions actuelles ? Les aspirations des réclamants sont-elles devenues déraisonnables, et celles de la commission rationnelles et légales ? Comparons ! Que demande la commission ? d'imposer aux Wattringues contrairement à la loi, les terres élevées et les montagnes. Que demandent les réclamants ? l'exécution littérale du décret du 28 mai 1800, et de l'ordonnance du 27 janvier 1837.

Nous croyons que la question aussi justement et nettement posée, ne peut être résolue qu'en faveur des pétitionnaires.

Dans sa lettre, à M. le Sous-Préfet de St-Omer, en date du 4 octobre 1865, M. le président de la 1re section, afin de paraître d'accord avec le plan Raffeneau, veut démontrer la possibilité de l'existence dans la section, d'un bassin inerte, ne votant ni ne contribuant point, visible et invisible, qu'on mettrait sous le rideau sans doute ou en évidence suivant les besoins du moment. Pour renverser cet échafaudage de fictions, nous n'avons qu'un dilemme à poser : le bassin existe ou n'existe pas, dans le premier cas il doit contribuer et voter, dans le second cas, il ne fait pas partie de la section.

Enfin, nous ajouterons que les personnalités et la forme peu courtoise de la réponse de M. le Président de la 1re section, ne sauraient nous atteindre.

X. HOCHART.

Décembre 1865

SAINT-OMER
Imprimerie de Ch. GUERMONPREZ, rue des Tribunaux, 4.